Yves C. Ton-That • Michael Weinhaus

GOLFREGEL-CARTOONS

Registrieren Sie sich kostenlos auf **www.tomandchip.com**
und wir halten Sie gerne über Regeländerungen auf dem Laufenden.

Liebe Golferin, lieber Golfer,

wer befasst sich schon gerne mit den Golfregeln – zu trocken und kompliziert erscheint vielen die Materie. Aus diesem Grund haben wir Tom & Chip erschaffen. Die beiden Hauptfiguren unserer Cartoonserie sind begeisterte Golfer, auch wenn ihr spielerisches Können nicht besonders hoch ist und insbesondere ihr Regelwissen zu wünschen übrig lässt. In 80 Cartoons erleben die beiden allerlei Abenteuer und geraten von einem Regelschlamassel ins nächste. Auf diese Weise möchten wir Ihnen die wichtigsten Regeln in Erinnerung rufen und weitere, interessante Regeln näherbringen – leicht verständlich und mit viel Augenzwinkern, sodass Sie am Ende erstaunt sagen: Die Golfregeln machen ja richtig Spaß!

In diesem Sinne wünschen wir Ihnen viel Freude beim Lesen und allzeit schönes Spiel!

Yves C. Ton-That und Michael Weinhaus

PS: Unter jedem Cartoon finden Sie einen Verweis auf die Regelnummer, sodass Sie für ein vertieftes Studium jederzeit im offiziellen Regelbuch nachschlagen können.

Yves C. Ton-That
Autor und Verleger

Yves C. Ton-That ist seit über 25 Jahren offizieller Schiedsrichter. Er hat elf Bücher über Golf verfasst, die in mehr als 20 Sprachen übersetzt wurden. Sein Werk „Golfregeln kompakt" wurde mehrfach preisgekrönt und ist mit über 2,5 Millionen verkauften Exemplaren das meistverkaufte Golfbuch der Welt. Er lebt und arbeitet in Zürich, Schweiz.

Michael Weinhaus
Autor

Michael Weinhaus ist Schiedsrichter des amerikanischen Golfverbands USGA und hat als solcher mehr als zwei Jahrzehnte Erfahrung. Er ist Mitverfasser von über 2.000 Fragen für ein Regelquiz und ehemaliger „PGA of America Executive Director Gateway Section". Er lebt und arbeitet in St. Louis, Missouri, USA.

Dusan Reljic
Illustrator

Dusan Reljic ist Comiczeichner und Karikaturist mit einem umfassenden Portfolio. In mehr als 40 Jahren hat er unzählige Illustrationen geschaffen, an weltbekannten Comicserien mitgearbeitet und war international für namhafte Zeitungen und Magazine tätig. Er lebt und arbeitet in Belgrad, Serbien.

INHALTSVERZEICHNIS

Abschlag 7

Fairway und Rough 15

Bunker 39

Penalty Area 49

Aus, provisorischer Ball, verlorener Ball 57

Grün und Vorgrün 69

Lochspiel und andere Spielformen 83

Regelindex 94

Verlag:
Artigo Publishing International
Artigo GmbH
Seestrasse 489
CH-8038 Zürich
Telefon: +41-43-3215555
Telefax: +41-43-3215556
E-Mail: info@expertgolf.com
www.expertgolf.com

Text/Idee:
Yves C. Ton-That/Michael Weinhaus

Illustrationen:
Dusan Reljic

Das Werk einschließlich aller seiner Teile ist urheberrechtlich geschützt. Jede Wiedergabe – auch einzelner Cartoons – ist ohne Zustimmung des Verlags unzulässig und strafbar. Das gilt insbesondere für die Verwendung im Internet und auf Social Media.

ISBN 978-3-906852-35-5

3. Auflage 2023

ABSCHLAG

SITUATION: **Chip hat ein besonderes Geschenk für seinen Freund Tom ...**

FRAGE: **Hat Chip recht, dass jeder Spieler ein Regelbuch auf der Runde mitführen muss?**

ANTWORT: Nein, das ist nicht vorgeschrieben, dennoch ist jeder Spieler dafür verantwortlich, die Regeln zu kennen und richtig anzuwenden. Eine gute Alternative zum offiziellen Regelbuch ist der handliche Pocketguide „Golfregeln kompakt" von Expert Golf. Dieser ist sehr leicht verständlich und beantwortet praktisch alle Regelfragen im Handumdrehen.

Regel 1.3b(1).

SITUATION: **Tom hat ein paar Schläger zum Testen dabei ...**

FRAGE: **Wie viele Schläger sind höchstens erlaubt und wie lautet die Strafe, wenn man zu viele dabeihat?**

ANTWORT: Die Regeln gestatten maximal 14 Schläger. Startet ein Spieler seine Runde mit mehr Schlägern, muss er die überzähligen Schläger aus dem Spiel nehmen, sobald er den Regelverstoß bemerkt. Im Zählspiel erhält er 2 Strafschläge pro Loch, an dem er zu viele Schläger dabeihatte, jedoch höchstens 4 Strafschläge pro Runde.

Regel 4.1b.

ABSCHLAG

SITUATION: **Chip teet seinen Ball an einer ungewöhnlichen Stelle auf …**

FRAGE: **Hat Chip recht, dass man den Ball so weit hinter der Abschlagsmarkierung aufsetzen darf, wie man möchte?**

ANTWORT: Die Abschlagsfläche erstreckt sich von den Markierungen 2 Schlägerlängen nach hinten und der Ball muss innerhalb dieser Fläche aufgesetzt werden. Es ist weder erlaubt, den Ball vor den Markierungen noch weiter als 2 Schlägerlängen hinter den Markierungen aufzusetzen.

Regel 6.1b und Definition „Abschlag".

SITUATION: **Tom und Chip haben ihre Startzeit um 10:00 Uhr ...**

FRAGE: **Wie lautet die Strafe bei Verspätung? Und was gilt, wenn man vorzeitig abschlägt?**

ANTWORT: Schlägt ein Spieler bis zu 5 Minuten zu spät ab, erhält er im Zählspiel normalerweise 2 Strafschläge. Ist er mehr als 5 Minuten zu spät, wird er in aller Regel disqualifiziert. Dasselbe gilt bei einem zu frühen Start. Schlägt Tom 2 Minuten vor der Startzeit ab, erhält er 2 Strafschläge.

Regel 5.3a.

ABSCHLAG

SITUATION: **Chip schlägt seinen Ball tot an die Fahne ...**

FRAGE: **Erhält Tom oder Chip eine Strafe?**

ANTWORT: Tom erhält im Zählspiel 2 Strafschläge für das Erbitten von Beratung. Chip bleibt dagegen straffrei, da er Toms Frage nicht beantwortet und ihm auch nicht seinen Schläger gezeigt hat.

Regel 10.2a.

SITUATION: **Ausgerechnet als Tom abschlägt, überquert eine Katze die Straße ...**

FRAGE: **Zählt Toms Luftschlag als Schlag?**

ANTWORT: Tom hatte die Absicht, den Ball zu treffen, daher zählt sein Schwung als Schlag. Ablenkungen gehören zum Spiel und berechtigen nicht dazu, einen Schlag zu wiederholen.

Definition „Schlag".

ABSCHLAG

SITUATION: **Tom macht beinahe einen Luftschlag ...**

FRAGE: **Zählt es als Schlag, wenn der Ball innerhalb der Abschlagsfläche liegen bleibt? Und darf Tom erneut aufteen?**

ANTWORT: Jeder Schlag nach dem Ball mit der Absicht, ihn zu treffen, zählt als Schlag. Da sich der Ball noch immer innerhalb der Abschlagsfläche befindet, darf ihn Tom erneut aufteen oder sogar an einer anderen Stelle innerhalb der Abschlagsfläche aufteen.

Regel 6.2b(6) und Definition „Schlag".

FAIRWAY UND ROUGH

SITUATION: **Tom verzieht seinen Ball ins hohe Gras ...**

FRAGE: **Darf Tom seinen Ball von der neuen Lage spielen? Und erhält Chip für das Bewegen des Balls eine Strafe?**

ANTWORT: Toms Ball muss an seine ursprüngliche Lage zurückgelegt werden. Falls Tom und Chip die genaue Lage nicht kennen, müssen sie sie schätzen. Das versehentliche Bewegen eines Balls, während nach ihm gesucht wird, ist straflos.

Regel 7.4.

SITUATION: **Chips Ball landet hoch oben in einem Baum ...**

FRAGE: **Darf Chip auf den verbleibenden Löchern Toms Putter benutzen?**

ANTWORT: Nein, es ist nicht erlaubt, mit einem Schläger zu spielen, der von einem anderen Spieler auf dem Platz benutzt wird.

Regel 4.1b(2).

FAIRWAY UND ROUGH

SITUATION: **Chip sieht, wie ein Hund an seinem Ball schnüffelt ...**

FRAGE: **Von wo muss Chip weiterspielen und was gilt, wenn er seinen Ball nicht zurückbekommt?**

ANTWORT: Chips ruhender Ball wurde durch sog. äußeren Einfluss bewegt. Chip muss seinen Ball straflos an die ursprüngliche Stelle zurücklegen. Falls er die ursprüngliche Stelle nicht kennt, muss er sie schätzen. Falls der Ball eingekerbt oder nicht wiederzuerlangen ist, darf er einen anderen Ball nehmen.

Regeln 4.2c(2), 9.6, 14.2a und Definition „Äußere Einflüsse".

SITUATION: **Tom bemerkt einen Klumpen Erde, der an seinem Ball haftet ...**

FRAGE: **Darf Tom die Erde von seinem Ball entfernen?**

ANTWORT: Tom darf seinen Ball nicht reinigen, es sei denn, dies wäre zur Identifizierung erforderlich. In diesem Fall dürfte er die Lage des Balls markieren, ihn aufnehmen und reinigen, jedoch nicht mehr als zur Identifizierung nötig.

Regeln 9.1a, 7.3 und 14.1c.

SITUATION: **Tom benötigt für den perfekten Schlag eine genaue Distanzangabe ...**

FRAGE: **Darf Tom Chip nach Distanzangaben fragen? Und was gilt, wenn Chip antwortet – ist das unerlaubte Beratung?**

ANTWORT: Öffentlich zugängliche Informationen wie Distanzangaben gelten nicht als „Beratung". Tom darf Chip fragen, wie weit er noch vom Loch entfernt ist, und Chip darf straflos antworten. Beratung im Sinn der Regeln sind Aussagen mit der Absicht, einen Spieler darin zu beeinflussen, welchen Schläger er verwendet, wie er einen Schlag ausführt oder wie er ein Loch oder eine Runde spielt.

Regel 10.2a und Definition „Beratung".

SITUATION: **Toms Ball landet zwischen unzähligen Wurmhäufchen ...**

FRAGE: **Darf Tom die Wurmhäufchen straflos entfernen?**

ANTWORT: Wurmhäufchen gelten als „lose hinderliche Naturstoffe" und dürfen überall straflos entfernt werden. Tom muss allerdings aufpassen, dass sich dabei sein Ball nicht bewegt; andernfalls müsste er ihn mit 1 Strafschlag zurücklegen.

Regel 15.1 und Definition „Lose hinderliche Naturstoffe".

SITUATION: **Chips Ball landet unter einem Baum, wo ihm ein Ast im Weg ist ...**

FRAGE: **Hat Chip recht, dass das Wegbiegen eines Astes zulässig ist, während das Abbrechen eine Strafe gibt?**

ANTWORT: Die Regeln verbieten nicht nur das Abbrechen eines Astes, sondern auch, ihn wegzubiegen, wenn man sich dadurch eine bessere Ausgangslage für den Schlag verschafft.

Regel 8.1a.

SITUATION: **Chip findet seinen Ball im Semirough und erschrickt beinahe zu Tode ...**

FRAGE: **Darf Chip den Schlauch entfernen? Und was gilt, falls sich dabei der Ball bewegt?**

ANTWORT: Der Schlauch ist künstlich und gilt daher als sog. bewegliches Hemmnis. Chip darf ihn straflos entfernen. Falls der Ball dabei bewegt wird, ist er straflos zurückzulegen.

Regel 15.2a(1) und Definition „Bewegliches Hemmnis".

SITUATION: Chip macht seinen Probeschwung etwas zu nah am Ball …

FRAGE: Was gilt, wenn ein Spieler beim Probeschwung aus Versehen seinen Ball trifft?

ANTWORT: Ein Probeschwung zählt nicht als Schlag und kann auch nicht zu einem solchen erklärt werden. Gemäß den Regeln hat Chip seinen ruhenden Ball aus Versehen bewegt. Dafür erhält er 1 Strafschlag und muss seinen Ball an die ursprüngliche Stelle zurücklegen. (Passiert das gleiche auf dem Grün, muss der Ball ebenfalls zurückgelegt werden, aber es ist straflos.)

Regel 9.4b und Definition „Schlag".

SITUATION: **Toms Ball liegt an einem steilen Hang kurz vor dem Grün ...**

FRAGE: **Erhält Tom für das Bewegen des Balls eine Strafe? Und von wo muss er seinen nächsten Schlag spielen?**

ANTWORT: Tom hat durch das Aufsetzen des Schlägers verursacht, dass sich sein Ball bewegt. Deshalb erhält er 1 Strafschlag und muss den Ball an die ursprüngliche Stelle zurücklegen. Falls der Ball am ursprünglichen Ort nicht liegen bleibt, muss Chip ihn ein zweites Mal hinlegen. Bleibt er abermals nicht liegen, muss Chip den Ball am nächsten Ort hinlegen, an dem er liegen bleibt, jedoch nicht näher zum Loch.

Regeln 9.4 und 14.2e.

SITUATION: **Chip liebt es, schnell zu fahren …**

FRAGE: **Hat Chip recht, was das Droppen eines eingebetteten Balls angeht?**

ANTWORT: Nein, diese Regel gilt nur, wenn ein Ball in seinem eigenen Einschlagloch eingebettet ist. Hier wurde der Ball durch sog. äußeren Einfluss bewegt und seine Lage verändert. Tom muss den Ball straflos am nächsten Ort mit möglichst ähnlicher Lage hinlegen, jedoch nicht näher zum Loch und nicht weiter weg als 1 Schlägerlänge.

Regeln 9.6, 14.2d(2) und Definition „Eingebettet".

SITUATION: **Tom toppt seinen Abschlag und der Ball trifft auf etwas Unerwartetes ...**

FRAGE: **Von wo muss Tom seinen nächsten Schlag spielen?**

ANTWORT: Toms Ball hat sog. äußeren Einfluss getroffen und wurde dadurch abgelenkt. Das ist Pech. Tom muss den Ball spielen, wie er liegt, bzw. in diesem Fall 1 Strafschlag akzeptieren und nach der Penalty-Area-Regel droppen.

Regeln 11.1 und 17.1d.

FAIRWAY UND ROUGH

SITUATION: **Toms Ball landet auf einem Maulwurfshügel ...**

FRAGE: **Von wo kann Tom weiterspielen?**

ANTWORT: Tom darf seinen Ball vom Maulwurfshügel spielen oder straflos wie folgt droppen: am nächsten Punkt, an dem er nicht durch den Maulwurfshügel behindert ist, innerhalb 1 Schlägerlänge, nicht näher zum Loch.

Regel 16.1b und Definition „Tierloch".

SITUATION: **Toms Ball landet in schlammigem Boden in Ausbesserung ...**

FRAGE: **Erhält Tom eine Strafe, weil er seinen Ball vor dem Fallenlassen gereinigt hat?**

ANTWORT: Wenn ein Ball für ein Erleichterungsverfahren aufgenommen und gedroppt wird, darf er stets gereinigt werden. Es ist sogar erlaubt, einen neuen Ball einzusetzen. Tom erhält keine Strafe.

Regeln 14.1c und 14.3a.

SITUATION: **Bei einer Runde in Florida landet Chips Ball neben einem Alligator ...**

FRAGE: **Darf Chip straflos droppen?**

ANTWORT: Chip darf wegen „Gefährdung durch Tiere" straflose Erleichterung wie folgt nehmen: am nächsten Punkt in sicherer Entfernung zum Alligator innerhalb 1 Schlägerlänge, nicht näher zum Loch droppen.

Regel 16.2.

SITUATION: **Chips Ball landet auf einer frisch angesäten Rasenfläche ...**

FRAGE: **Wie sollte Chip vorgehen?**

ANTWORT: Wenn Chip nicht sicher ist, ob er straflose Erleichterung erhält, sollte er im Zählspiel zwei Bälle spielen: den einen Ball, wie er liegt, und den anderen Ball, als ob er in Boden in Ausbesserung läge, d. h. nachdem er straflos gedroppt hat. Bevor Chip so verfährt, sollte er allerdings ankündigen, welcher der Bälle zählen soll, falls beide Varianten regelkonform sind. Zudem muss er den Fall der Spielleitung melden, bevor er seine Scorekarte unterschreibt – selbst wenn er mit beiden Bällen das gleiche Ergebnis erzielen sollte. Das Verfahren, zwei Bälle zu spielen, steht im Lochspiel nicht zur Verfügung.

Regeln 20.1b(4) und 20.1c(3).

FAIRWAY UND ROUGH

SITUATION: **Chip bleibt beim Schlag hängen und trifft seinen Ball aus Versehen zweimal ...**

FRAGE: **Was gilt, wenn man den Ball beim Schlag aus Versehen zweimal mit dem Schlägerkopf trifft?**

ANTWORT: Ein Doppelschlag zählt nur als ein Schlag, es gibt keine Strafe und der Ball wird gespielt, wie er liegt.

Regel 10.1a.

SITUATION: **Chip überschätzt seine Fähigkeiten als Rallyefahrer ...**

FRAGE: **Dürfen Tom und Chip ihre beschädigten Schläger während der Runde ersetzen?**

ANTWORT: Da der Schaden versehentlich entstanden ist und nicht absichtlich oder missbräuchlich verursacht wurde, dürfen sowohl Tom als auch Chip ihre beschädigten Schläger ersetzen. Dabei müssen sie jedoch darauf achten, dass sie das Spiel nicht unangemessen verzögern.

Regeln 4.1a(2) und 4.1b(4).

SITUATION: **Toms Ball landet in einem als Spielverbotszone markierten Blumenbeet ...**

FRAGE: **Von wo soll Tom weiterspielen und erhält er eine Strafe?**

ANTWORT: Es ist strikt untersagt, aus einer sog. Spielverbotszone zu schlagen. Da die Spielverbotszone in diesem Fall als „Boden in Ausbesserung" markiert ist, muss Tom wie folgt straflose Erleichterung nehmen: am nächsten Punkt, an dem er nicht durch das Blumenbeet behindert ist, innerhalb 1 Schlägerlänge und nicht näher zum Loch droppen.

Regeln 2.4 und 16.1f.

SITUATION: **Chips Ball steckt in einem stacheligen Busch fest ...**

FRAGE: **Hat Chip Anspruch auf straflose Erleichterung und falls ja, wo muss er droppen?**

ANTWORT: Obwohl der Sprinkler Chips Stand behindert, erhält er keine straflose Erleichterung. Die Lage des Balls ist so schlecht, dass es unvernünftig wäre, den Ball zu spielen, wie er liegt. Chips beste Option dürfte sein, den Ball für unspielbar zu erklären und mit 1 Strafschlag zu droppen.

Regeln 16.1a(3) und 19.2.

SITUATION: **Während Tom und Chip ihre Runde spielen, nähert sich ein Gewitter ...**

FRAGE: **Erhalten Tom und Chip eine Strafe, weil sie das Spiel unterbrochen haben, obwohl es kein offizielles Zeichen dazu gab?**

ANTWORT: Spieler dürfen ihre Runde jederzeit unterbrechen, wenn sie Blitzgefahr als gegeben betrachten. Sie müssen nicht warten, bis das Spiel von offizieller Seite unterbrochen wird. Allerdings müssen die Spieler die Spielleitung sobald wie möglich über ihre Unterbrechung informieren. Der Ball kann liegen gelassen oder markiert und aufgenommen werden.

Regel 5.7a.

SITUATION: **Tom und Chip werden auf den letzten Löchern von Regen überrascht ...**

FRAGE: **Welche Möglichkeiten hat Tom?**

ANTWORT: Tom darf seinen Ball spielen, wie er liegt, oder wie folgt straflos droppen: am nächsten Punkt, an dem er nicht durch die Pfütze behindert ist, innerhalb 1 Schlägerlänge, nicht näher zum Loch.

Regel 16.1b und Definition „Zeitweiliges Wasser".

SITUATION: **Chips Ball liegt hinter einem kleinen Busch ...**

FRAGE: **Erhält Chip straflose Erleichterung, weil er durch die Straße behindert wird?**

ANTWORT: Wenn ein unbeweglicher künstlicher Gegenstand die Standposition einen Spielers behindert, hat dieser in der Regel Anspruch auf straflose Erleichterung. In diesem Fall behindert die Straße Chip jedoch nur, weil dieser einen ganz und gar unvernünftigen Stand eingenommen hat. Daher hat er keinen Anspruch auf straflose Erleichterung und der Ball ist zu spielen, wie er liegt.

Regel 16.1a(3).

BUNKER

SITUATION: **Chips Ball liegt an einer Harke knapp außerhalb des Bunkers ...**

FRAGE: **Durfte Chip die Harke entfernen? Und muss er aus dem Bunker spielen oder darf er seinen Ball zurücklegen?**

ANTWORT: Die Harke ist künstlich und gilt daher als sog. bewegliches Hemmnis. Diese dürfen überall entfernt werden. Falls sich dabei der Ball bewegt, muss er straflos zurückgelegt werden. Chip darf also nicht nur, sondern muss seinen Ball an die ursprüngliche Stelle zurücklegen.

Regel 15.2a(1) und Definition „Bewegliches Hemmnis".

SITUATION: **Tom bereitet sich auf seinen Bunkerschlag vor ...**

FRAGE: **Darf Tom vor dem Schlag mit seinem Schläger den Sand berühren?**

ANTWORT: Es ist erlaubt, beiläufig den Schläger im Sand aufzusetzen oder sich darauf abzustützen, während man darauf wartet, spielen zu können. Es ist jedoch nicht erlaubt, den Sand bei Probeschwüngen zu berühren, den Schläger hinter dem Ball aufzusetzen oder beim Rückschwung den Sand zu berühren. Tom erhält für seinen Probeschwung im Zählspiel 2 Strafschläge.

Regel 12.2b.

BUNKER

SITUATION: **Chips Ball landet in einem großen Fairwaybunker ...**

FRAGE: **Darf Chip vor dem Schlag den Bunker harken? Falls nicht, wie lautet die Strafe?**

ANTWORT: Chip erhält keine Strafe, da er seine Spuren zum Zweck der Platzpflege eingeebnet hat. Solange man nicht die Beschaffenheit des Sands testet und keine Spuren auf seiner Spiellinie einebnet, ist das Harken des Sands straflos erlaubt.

Regel 12.2b(2).

SITUATION: **Toms Ball liegt im Bunker neben einem Zweig ...**

FRAGE: **Hat Chip recht, dass der Ast im Bunker liegen bleiben muss?**

ANTWORT: Der Ast ist ein sog. loser hinderlicher Naturstoff. Diese dürfen überall entfernt werden. Tom darf den Ast straflos aufheben. Sand und loser Boden dagegen sind keine losen hinderlichen Naturstoffe und dürfen nur auf dem Grün entfernt werden.

Regel 15.1a und Definition „Lose hinderliche Naturstoffe".

BUNKER

SITUATION: **Chip hält sich für einen großartigen Bunkerspieler ...**

FRAGE: **Darf Chip den Ball aus seinen Fußabdrücken herausnehmen? Von wo kann er weiterspielen?**

ANTWORT: Chip muss seinen Ball spielen, wie er liegt, oder er kann ihn für unspielbar erklären und droppen. Je nachdem, welche der vier Droppmöglichkeiten er wählt, kostet ihn dies 1 oder 2 Strafschläge.

Regeln 8.1 und 19.3.

SITUATION: **Tom und Chip schlagen ihre Bälle in denselben Bunker ...**

FRAGE: **Muss Tom seinen Ball spielen, wie er liegt, oder hat er Anspruch auf straflose Erleichterung?**

ANTWORT: Grundsätzlich soll ein Ball immer gespielt werden, wie er liegt bzw. wie er lag, als er zur Ruhe kam. Wurden die Bedingungen für einen Schlag durch eine andere Person verändert, darf der Spieler die ursprüngliche Lage wiederherstellen. Tom darf den Sand, der auf seinem Ball gelandet ist, straflos entfernen.

Regel 8.1d(1).

BUNKER

SITUATION: **Nach einer Nacht mit heftigen Regenfällen sind Tom und Chip früh unterwegs ...**

FRAGE: **Darf Chip die Schäden im Bunker beseitigen? Oder darf er straflos droppen? Wie muss er vorgehen?**

ANTWORT: Chip darf den beschädigten Bereich, in dem sein Ball liegt, vor dem Schlag nicht harken. Er hat auch keinen Anspruch auf einen straflosen Dropp, es sei denn, der Bunker wäre als Boden in Ausbesserung gekennzeichnet. Seine einzige Option ist, den Ball zu spielen, wie er liegt, oder ihn für unspielbar zu erklären und dabei 1 bzw. 2 Strafschläge in Kauf zu nehmen.

Regeln 12.2b(1) und 19.3.

SITUATION: **Tom findet seinen Ball in einer schwierigen Lage unterhalb der Bunkerkante ...**

FRAGE: **Darf Tom außerhalb des Bunkers droppen, wenn er seinen Ball für unspielbar erklärt und auf der Linie Loch-Ball zurückgeht?**

ANTWORT: Ja, wenn man einen Ball im Bunker für unspielbar erklärt, hat man vier Möglichkeiten zum Droppen. Bei der Variante, auf der Linie Loch-Ball zurückzugehen, kann man sowohl im als auch außerhalb des Bunkers droppen. Innerhalb des Bunkers kostet es 1 Strafschlag und außerhalb des Bunkers 2 Strafschläge.

Regel 19.3.

BUNKER

SITUATION: **Tom macht einen langen Schlag aus dem Bunker ...**

FRAGE: **Von wo muss Tom spielen und wie ist das richtige Vorgehen?**

ANTWORT: Tom muss mit 1 Strafschlag innerhalb 1 Schlägerlänge von der Stelle des letzten Schlags droppen, nicht näher zum Loch. Allerdings darf er den Sand einebnen, bevor er droppt.

Regeln 18.2b und 12.2b(3).

PENALTY AREA

PENALTY AREA

SITUATION: **Chips Ball landet im Uferbereich einer Penalty Area ...**

FRAGE: **Darf man seinen Schläger am Boden aufsetzen, wenn man einen Ball aus einer Penalty Area spielt?**

ANTWORT: Es ist gestattet, den Schläger in einer Penalty Area am Boden oder sogar im Wasser aufzusetzen. Wird der Ball gespielt, wie er liegt, gelten in einer Penalty Area dieselben Regeln wie im Gelände. Im Bunker hingegen ist es nicht gestattet, den Schläger hinter dem Ball im Sand aufzusetzen.

Regeln 17.1b und 12.2b(1).

SITUATION: **Toms Ball liegt in einem Bachbett zwischen Ästen und Blättern ...**

FRAGE: **Erhält Tom eine Strafe oder nicht? Und wie muss er vorgehen?**

ANTWORT: „Lose hinderliche Naturstoffe" wie Blätter und Zweige dürfen überall straflos entfernt werden. Wenn sich dabei allerdings der Ball bewegt, muss er mit 1 Strafschlag zurückgelegt werden (Ausnahme: Auf dem Grün ist es straflos). Da Tom nicht vorsichtig genug war, als er die Blätter in der Penalty Area entfernte, erhält er 1 Strafschlag und muss den Ball zurücklegen – nicht aber die Blätter.

Regel 15.1 und Definition „Lose hinderliche Naturstoffe".

PENALTY AREA

SITUATION: **Toms Ball liegt knapp innerhalb einer roten Penalty Area ...**

FRAGE: **Darf Tom den roten Pfahl entfernen, bevor er seinen Ball aus der Penalty Area spielt?**

ANTWORT: Rote und gelbe Pfähle gelten als „bewegliche Hemmnisse" und dürfen jederzeit straflos entfernt werden. Es ist darauf zu achten, die Pfähle wieder an dieselbe Stelle zurückzustecken, damit für alle Spieler dieselben Markierungen gelten.

Regel 15.2 und Definition „Hemmnis".

SITUATION: **Chips Ball bleibt am steilen Ufer eines Teichs liegen ...**

FRAGE: **Erhält Chip eine Strafe, weil er beim Sturz seinen Ball bewegt hat? Und von wo muss er weiterspielen?**

ANTWORT: Chip erhält 1 Strafschlag, da er seinen ruhenden Ball bewegt hat, und muss ihn an die ursprüngliche Stelle zurücklegen. Falls er den Ball nicht mehr findet, darf er einen anderen Ball nehmen.

Regeln 9.4b und 14.2a.

PENALTY AREA

SITUATION: **Toms Ball ist in einen kleinen See geflogen ...**

FRAGE: **Welche Möglichkeiten hat Tom, wenn sein Ball in der gelben Penalty Area liegt?**

ANTWORT: Tom kann mit 1 Strafschlag an der Stelle seines letzten Schlags droppen. Ebenfalls mit 1 Strafschlag kann er auf der Verlängerung der Linie Loch-Kreuzungspunkt (wo der Ball die Grenze der Penalty Area zuletzt gekreuzt hat) zurückgehen und droppen. Die Möglichkeit, innerhalb von 2 Schlägerlängen dieses Kreuzungspunkts zu droppen, gibt es nur bei roten Penalty Areas.

Regel 17.1d.

SITUATION: **Tom hat nur einen kurzen Schlag übers Wasser, aber seine Nerven versagen ...**

FRAGE: **Darf Tom in der Dropping-Zone droppen, wenn diese näher beim Loch ist als die Stelle, an der sein Ball in die Penalty Area geflogen ist?**

ANTWORT: Bei Penalty Areas sehen die Regeln mehrere Möglichkeiten zum Droppen vor, jeweils verbunden mit 1 Strafschlag. Zusätzlich kann die Spielleitung per Platzregel als weitere Möglichkeit eine Dropping-Zone einrichten. Tom darf mit 1 Strafschlag einen Ball in dieser speziell markierten Zone fallen lassen, auch wenn sie näher beim Loch liegt als die Stelle, an der sein Ball die Grenze der Penalty Area zuletzt gekreuzt hat. Die Spielleitung darf Dropping-Zonen platzieren, wo immer sie es als sinnvoll erachtet.

Regel MPR 8E-1.

SITUATION: Toms Abschlag fliegt in Richtung einer Penalty Area …

FRAGE: Darf Tom einen provisorischen Ball spielen, wenn er seinen ersten Ball in der Penalty Area vermutet?

ANTWORT: Ein provisorischer Ball darf nur gespielt werden, wenn der ursprüngliche Ball außerhalb einer Penalty Area verloren oder im Aus sein könnte. Die Regeln verbieten das Spielen eines provisorischen Balls, wenn der ursprüngliche Ball in einer Penalty Area gelandet ist. Toms zweiter Ball ist mit 1 Strafschlag sein neuer Ball im Spiel, selbst wenn er seinen ersten Ball in einer spielbaren Lage finden sollte.

Regel 18.3a.

AUS
PROVISORISCHER BALL
VERLORENER BALL

AUS

SITUATION: **Toms Ball landet neben einem Zaun, der das Aus begrenzt …**

FRAGE: **Darf Tom straflos droppen, da der Aus-Zaun seinen Rückschwung behindert?**

ANTWORT: Behindert ein fest installierter, künstlicher Gegenstand („unbewegliches Hemmnis") den Stand oder Schwung eines Spielers, hat dieser in der Regel Anspruch auf straflose Erleichterung. Gegenstände, die das Aus abgrenzen oder sich im Aus befinden, fallen allerdings nicht darunter. Tom muss seinen Ball spielen, wie er liegt, oder ihn mit 1 Strafschlag für unspielbar erklären.

Regeln 16.1 und 19.2.

SITUATION: **Chips Ball ist geradewegs ins Aus geflogen ...**

FRAGE: **Darf Chip mit 1 Strafschlag innerhalb von 2 Schlägerlängen von der Stelle droppen, wo sein Ball ins Aus geflogen ist?**

ANTWORT: Nein, soweit nicht eine Platzregel ein besonderes Verfahren gestattet, ist bei einem Ball im Aus grundsätzlich wie folgt vorzugehen: Mit 1 Strafschlag zurückgehen zur Stelle des letzten Schlags und innerhalb 1 Schlägerlänge, nicht näher zum Loch droppen (am Abschlag darf aufgeteet werden). Würde Chip wie oben aufgezeigt droppen und spielen, müsste er diesen Fehler beheben, andernfalls wäre er disqualifiziert.

Regeln 18.2b und 14.7.

AUS

SITUATION: **Toms Ball landet nahe beim Aus ...**

FRAGE: **Hat Chip recht und falls ja, wie lautet die Strafe? Und was gilt, wenn Tom den Pfahl zurücksteckt?**

ANTWORT: Chip hat recht – es ist nicht erlaubt, Ausmarkierungen zu entfernen. Wenn Tom seinen Schlag unter den verbesserten Bedingungen spielt, erhält er im Zählspiel 2 Strafschläge. Steckt Tom den Auspfahl jedoch vor dem Schlag zurück, bleibt er straffrei.

Regeln 8.1a und 8.1c.

SITUATION: **Toms erster Abschlag ist im Wald gelandet …**

FRAGE: **Muss ein Spieler das Wort „provisorisch" erwähnen, wenn er einen provisorischen Ball ankündigt?**

ANTWORT: Um seine Absicht klar auszudrücken, sollte ein Spieler das Wort „provisorisch" verwenden. Es reicht nicht, einfach zu sagen „noch einen" oder „einen weiteren", auch wenn unter den gegebenen Umständen das Spielen eines provisorischen Balls das sinnvollste Vorgehen ist. Wird ein Ball nicht ordnungsgemäß als provisorisch angekündigt, wird er mit 1 Strafschlag zum neuen Ball im Spiel.

Regel 18.3b.

PROVISORISCHER BALL

SITUATION: **Nach einem missglückten Abschlag spielt Tom einen provisorischen Ball …**

FRAGE: **Darf Tom mit einem der Bälle weiterspielen oder gelten beide als verloren?**

ANTWORT: Wenn ein Ball nicht identifiziert werden kann, gilt er normalerweise als verloren. In diesem besonderen Fall gehören jedoch beide Bälle demselben Spieler. Daher muss Tom einen der Bälle auswählen und diesen als den provisorischen behandeln, d. h. er wird mit 1 Strafschlag zum Ball im Spiel. Tom macht als Nächstes seinen 4. Schlag.

Regel 18.3c(2).

SITUATION: **Chip verzieht seinen Ball ins hohe Gras …**

FRAGE: **Darf Chip mit dem provisorischen Ball weiterspielen?**

ANTWORT: Wenn der ursprüngliche Ball innerhalb von 3 Minuten gefunden wurde, muss Chip den provisorischen Ball aufgeben und mit dem ursprünglichen Ball weiterspielen (2. Schlag). Andernfalls würde er einen falschen Ball spielen.

Regeln 18.3c(3) und 6.3c(1).

VERLORENER BALL

SITUATION: **Tom und Chip suchen im hohen Gras nach Chips Ball ...**

FRAGE: **Was gilt, wenn Chip seinen Ball weiterspielt, der nach Ablauf von 3 Minuten Suchzeit gefunden wurde?**

ANTWORT: Nach Ablauf von 3 Minuten Suchzeit gilt ein Ball als verloren. Würde Chip mit seinem „verlorenen" Ball weiterspielen, wäre dies Spielen eines falschen Balls. Der Schlag würde nicht zählen und er erhielte dafür im Zählspiel 2 Strafschläge. Zudem müsste er seinen Fehler beheben, indem er zurückgeht und mit 1 Strafschlag von der Stelle des vorhergehenden Schlags spielt, andernfalls wäre er im Zählspiel disqualifiziert.

Regeln 6.3c(1), 18.2b und Definition „Verloren".

SITUATION: **Die Bälle von Tom und Chip liegen nah beieinander ...**

FRAGE: **Wie ist das richtige Vorgehen, wenn Tom und Chip ihre Bälle nicht identifizieren können?**

ANTWORT: Wenn zwei identische Bälle im selben Bereich gefunden werden und nicht festgestellt werden kann, welcher Ball welchem Spieler gehört, sind beide Bälle verloren. Tom und Chip müssen zur Stelle ihres letzten Schlags zurückgehen und von dort mit 1 Strafschlag erneut spielen.

Regeln 7.2 und 18.2a(1).

VERLORENER BALL

SITUATION: Chips Ball ist im hohen Gras gelandet, wo er schwer zu finden ist ...

FRAGE: Wenn Chip seinen Ball nach 2½ Minuten findet und ihn danach wieder verliert, wie viel Zeit bleibt ihm, um ihn erneut zu finden?

ANTWORT: Ein Spieler hat insgesamt 3 Minuten zur Verfügung, um seinen Ball zu finden. Wenn ein Ball, wie im obigen Szenario, gefunden und wieder verloren wird, stoppt die Zeit in dem Moment, in dem der Ball gefunden wird, sie startet jedoch nicht neu, wenn der Ball wieder verloren wird. Chip bleiben noch 30 Sekunden, um seinen Ball zu finden, bevor dieser als verloren gilt.

Regel 18.2a(1) und Klarstellung 18.2a(1)/1.

SITUATION: **Tom ist der Meinung, einen guten Abschlag gemacht zu haben, aber ...**

FRAGE: **Wie muss Tom richtigerweise vorgehen?**

ANTWORT: Sofern Tom nicht gesehen hat, wie jemand seinen Ball gestohlen hat, stehen ihm einfach 3 Minuten für das Auffinden zur Verfügung. Nach Ablauf dieser Zeit ist der Ball verloren und Tom muss mit 1 Strafschlag zurück zur Stelle seines letzten Schlags und innerhalb 1 Schlägerlänge, nicht näher zum Loch droppen (am Abschlag darf er aufteen).

Regel 18.2.

SITUATION: **Trotz gelungenem Abschlag findet Chip seinen Ball an einem Par 3 nicht ...**

FRAGE: **Hat Chip ein Hole-in-One erzielt oder war der Ball verloren und er muss das Loch mit dem zweiten Ball zu Ende spielen?**

ANTWORT: Chips erster Ball zählt als Hole-in-One. Das Loch war beendet, als der Ball im Loch zur Ruhe kam. Für das Spielen des zweiten Balls gibt es keine Strafe.

Regel 6.5.

GRÜN UND VORGRÜN

SITUATION: **Tom möchte zum Putten seinen Glücksball verwenden ...**

FRAGE: **Darf Tom den Ball austauschen, bevor er puttet?**

ANTWORT: Den Ball während des Spielens eines Lochs auszutauschen ist nicht gestattet, außer die Regeln erlauben dies ausdrücklich, z. B. bei einem Erleichterungsverfahren. Würde Tom den Ball austauschen und spielen, würde sein Schlag zwar zählen, aber er erhielte 1 Strafschlag.

Regel 6.3b(3).

SITUATION: **Toms Ball ist weiter weg vom Loch, aber Chips Ball ist noch außerhalb des Grüns ...**

FRAGE: **Wer ist mit Spielen an der Reihe? Und erhält ein Spieler, der in falscher Reihenfolge spielt, eine Strafe?**

ANTWORT: Tom ist an der Reihe. Es wird stets jener Ball gespielt, der am weitesten vom Loch entfernt ist, egal ob er auf oder außerhalb des Grüns liegt. Würde Chip zuerst spielen, wäre dies straflos. Im Lochspiel könnte Tom allerdings Chips Schlag annullieren und verlangen, dass er ihn in der richtigen Reihenfolge wiederholt.

Regeln 6.4a und 6.4b.

GRÜN UND VORGRÜN

SITUATION: **Tom macht einen Annäherungsschlag und trifft dabei Chips Ball ...**

FRAGE: **Ist Chips Ball eingelocht? Und erhält Tom eine Strafe?**

ANTWORT: Chip hat kein Birdie erzielt. Er muss seinen Ball aus dem Loch nehmen und ihn an die Stelle zurücklegen, an der er lag, bevor er getroffen wurde. Tom muss seinen Ball weiterspielen, wie er liegt. Eine Strafe erhält er nicht, da er von außerhalb des Grüns gespielt hatte.

Regeln 9.6 und 11.1.

SITUATION: **Chip toppt einen kurzen Annäherungsschlag ...**

FRAGE: **Von wo muss Chip weiterspielen und gibt es eine Strafe?**

ANTWORT: Wird ein Ball nach einem Schlag von außerhalb des Grüns absichtlich von einer Person abgelenkt, muss der Spieler schätzen, wo der Ball ohne die Ablenkung zur Ruhe gekommen wäre; er muss sodann einen Ball innerhalb 1 Schlägerlänge von dieser geschätzten Stelle, nicht näher zum Loch fallen lassen. In diesem Fall muss Chip im Bunker droppen. Tom erhält im Zählspiel 2 Strafschläge für das absichtliche Ablenken von Chips Ball.

Regeln 11.2b und 11.2c(1).

SITUATION: **Toms Ball liegt auf dem Vorgrün und er möchte putten ...**

FRAGE: **Hat Chip recht oder darf Tom beide Pitchmarken ausbessern?**

ANTWORT: Grundsätzlich darf die Spiellinie nicht verbessert werden, außer auf dem Grün, wo Schäden repariert werden dürfen. Daher darf Tom auf dem Grün Balleinschlaglöcher und Spikemarken ausbessern, aber nicht außerhalb des Grüns, wie etwa auf dem Vorgrün.

Regeln 8.1a und 13.1c(2).

SITUATION: **Tom und Chip sind auf einem Grün angelangt, das voll mit Laubblättern ist ...**

FRAGE: **Darf Tom das Laubgebläse verwenden, um die Blätter zu entfernen? Und was gilt für die Anti-Slice-Pillen?**

ANTWORT: Herumliegende Blätter und Zweige sind „lose hinderliche Naturstoffe" und dürfen überall auf dem Platz auf beliebige Weise entfernt werden. Dies ist straflos, solange dabei das Spiel nicht verzögert wird. Tom darf die Blätter mit der Hand, dem Fuß, einem Schläger, einem Handtuch oder auch mithilfe eines Laubgebläses entfernen. Was die Anti-Slice-Pillen angeht – fragen Sie bitte den Pro Ihres Vertrauens.

Regel 15.1a.

GRÜN UND VORGRÜN

SITUATION: **Chip hat seinen Ball markiert und aufgenommen, nun legt er ihn zurück ...**

FRAGE: **Gibt es eine Strafe, wenn der Ball auf dem Grün nicht exakt an dieselbe Stelle zurückgelegt wird, von der er aufgenommen wurde?**

ANTWORT: Ein Ball, der markiert und aufgenommen wurde, muss an die ursprüngliche Position zurückgelegt werden. Legt Chip den Ball nicht an die richtige Stelle zurück, würde er von einer falschen Stelle spielen, selbst wenn diese nur zwei Zentimeter entfernt ist. Der Schlag würde zählen, aber Chip würde im Zählspiel 2 Strafschläge erhalten.

Regeln 13.1b, 14.2c und 14.7.

SITUATION: **Tom und Chip spielen eine Runde im strömenden Regen ...**

FRAGE: **Ist es erlaubt, beim Spielen eines Schlags einen Schirm zu benutzen?**

ANTWORT: Sich selbst vor den Elementen zu schützen, indem man so wie Tom beim Putten einen Schirm benutzt, ist gestattet. Nicht erlaubt ist dagegen, Schutz durch eine andere Person anzunehmen, z. B., sich einen Schirm über den Kopf halten zu lassen, während man schlägt. Chip erhält im Zählspiel 2 Strafschläge für das Annehmen dieser Unterstützung.

Regel 10.2b(5).

SITUATION: **Tom hat nur noch einen kurzen Putt übrig ...**

FRAGE: **Muss Tom den Schlag wiederholen und erhält er eine Strafe?**

ANTWORT: Der Schlag zählt und der Ball ist eingelocht. Allerdings erhält Tom im Zählspiel 2 Strafschläge, da er nicht „ehrlich" nach dem Ball geschlagen hat (nicht mit dem Schlägerkopf).

Regel 10.1a und Definition „Schlag".

SITUATION: **Als Tom gerade putten möchte, passiert ihm ein Missgeschick ...**

FRAGE: **Wie muss Tom vorgehen und erhält er eine Strafe?**

ANTWORT: Auf dem Grün ist das versehentliche Bewegen des Balls (z. B. beim Aufsetzen des Schlägers oder durch einen unvorsichtigen Probeschwung) straflos, während dies auf dem restlichen Platz oftmals eine Strafe nach sich zieht. Tom muss seinen Ball straflos zurücklegen.

Regel 13.1d(1).

SITUATION: Tom verpfuscht einen einfachen Putt ...

FRAGE: Wie zählt ein Ball, der aus Wut weggeschlagen wurde? Von wo muss Tom weiterspielen?

ANTWORT: Wenn ein Ball aus Ärger vom Loch weggeschlagen wird, gilt dies nicht als Schlag und zählt nicht. Gemäß den Regeln hat Tom seinen ruhenden Ball absichtlich bewegt. Daher muss er ihn mit 1 Strafschlag an die ursprüngliche Stelle zurücklegen. Falls er seinen Ball nicht wiedererlangen kann, darf er einen anderen nehmen, ohne dass in diesem Fall ein weiterer Strafschlag für unerlaubtes Ersetzen des Balls gezählt würde.

Regeln 1.3c(4), 6.3b(3), 9.4b, 14.2a und Definition „Schlag".

SITUATION: **Chip lässt seinen Putt etwas zu kurz …**

FRAGE: **Wie lange darf Chip darauf warten, dass der Ball ins Loch fällt?**

ANTWORT: Chip darf in angemessenem Tempo zum Loch gehen und dann 10 Sekunden warten, um zu sehen, ob der Ball von selbst ins Loch fällt. Fällt der Ball innerhalb von 10 Sekunden, gilt er als eingelocht. Fällt er nach 10 Sekunden, gilt er ebenfalls als eingelocht, jedoch mit 1 Strafschlag. Es hat somit keinen Sinn, länger als 10 Sekunden zu warten.

Regel 13.3a.

SITUATION: **Toms Ball ist zwischen Lochrand und Fahnenstange eingeklemmt ...**

FRAGE: **Wann gilt ein Ball als eingelocht?**

ANTWORT: Kommt ein Ball am Flaggenstock im Loch zur Ruhe, gilt er als eingelocht, wenn sich zumindest ein Teil des Balls unterhalb der Grünoberfläche befindet. Toms Ball war eingelocht – es ist nicht erforderlich, dass sich der gesamte Ball unterhalb der Lochkante befindet.

Regel 13.2c.

LOCHSPIEL UND ANDERE SPIELFORMEN

LOCHSPIEL

SITUATION: **Im Lochspiel schlägt Tom, obwohl Chip an der Reihe ist …**

FRAGE: **Erhält Tom eine Strafe und muss er nochmals in der richtigen Reihenfolge spielen?**

ANTWORT: Grundsätzlich ist das Spielen in falscher Reihenfolge straflos, daher erhält Tom hier keine Strafe. Im Lochspiel darf Chip als Gegner jedoch verlangen, dass Tom seinen Schlag in der richtigen Reihenfolge wiederholt.

Regeln 6.4a und 6.4b.

SITUATION: **Im Lochspiel schlägt Chip vor den Abschlagsmarkierungen ab ...**

FRAGE: **Erhält Chip eine Strafe oder kann er seinen Ball weiterspielen, wie er liegt?**

ANTWORT: Im Lochspiel ist das straflos und der Schlag zählt. Allerdings kann Tom als Gegner den Schlag annullieren und von Chip verlangen, dass er erneut, korrekt abschlägt. (Im Zählspiel dagegen würde der Schlag nicht zählen, Chip erhielte 2 Strafschläge und müsste erneut, von innerhalb der Abschlagsfläche spielen.)

Regel 6.1b und Definition „Abschlag".

LOCHSPIEL

SITUATION: **Im Lochspiel ist Chip dabei, seinen Ball an einer Penalty Area zu droppen …**

FRAGE: **Ist es zulässig, im Lochspiel eine Regel abzuändern, wenn beide Spieler zustimmen?**

ANTWORT: Wenn Spieler vereinbaren, eine ihnen bekannte Regel abzuändern oder zu missachten, werden sie disqualifiziert. Dies gilt sowohl im Zählspiel als auch im Lochspiel.

Regeln 1.3b(1) und 3.2d(4).

SITUATION: **Im Lochspiel puttet Tom zu stark, sodass sein Ball am Loch vorbeirollt ...**

FRAGE: **Wie lautet die richtige Entscheidung im Lochspiel?**

ANTWORT: Kein Spieler erhält eine Strafe. Im Lochspiel ist es straflos, wenn man nach einem Schlag vom Grün einen anderen Ball auf dem Grün trifft (2 Strafschläge für Tom im Zählspiel). Chip muss seinen Ball zurücklegen und Tom muss seinen Ball spielen, wie er liegt.

Regeln 11.1 und 9.6.

LOCHSPIEL

SITUATION: **Im Lochspiel bleibt Tom ein kurzer Putt, um das Loch zu teilen ...**

FRAGE: **Zählt der Schlag als geschenkt oder wurde das Schenken dadurch ungültig, dass Tom dennoch geputtet hat?**

ANTWORT: Das Schenken zählt und Toms Ball gilt als eingelocht. Schenken im Lochspiel ist endgültig und kann weder zurückgenommen noch abgelehnt werden.

Regel 3.2b(2).

SITUATION: **Im Lochspiel versenkt Chip einen wichtigen Putt ...**

FRAGE: **Hat Tom das Loch verloren, da er seinen Ball bereits aufgenommen hat, oder darf er zurückgehen und fertig putten?**

ANTWORT: Tom hat das Loch gewonnen, ohne dass er es noch zu Ende spielen muss. Macht ein Spieler seinem Gegner falsche Angaben über seine Schlagzahl (inkl. Strafschläge) und berichtigt diese Aussage nicht, bevor der Gegner seinen nächsten Schlag spielt oder eine ähnliche Handlung vornimmt (wie z. B. den Ball aufnehmen), so verliert er im Lochspiel das Loch.

Regel 3.2d(1).

STABLEFORD

SITUATION: **Tom und Chip spielen ein Stableford-Turnier ...**

FRAGE: **Wie lautet die Regelentscheidung beim Wettspiel nach Stableford – wird Tom disqualifiziert, wenn er seinen Fehler nicht behebt und nicht den richtigen Ball einlocht?**

ANTWORT: Beim Stableford muss der Ball nicht zwingend eingelocht werden. Tom erhält für das Loch einfach null Punkte. Um den Spielfluss zu beschleunigen, sollten Spieler den Ball aufnehmen, sobald sie so viele Schläge gebraucht haben, dass sie für das Loch keine Punkte mehr erhalten.

Regel 21.1c.

SITUATION: **Tom und Chip spielen ein Vierer-Wettspiel ...**

FRAGE: **Darf Tom absichtlich einen Luftschlag machen, damit Chip wieder an der Reihe ist?**

ANTWORT: Wenn Tom keine Absicht hat, den Ball zu treffen, handelt es sich nicht um einen Schlag, und er ist immer noch an der Reihe. Würde in der Folge Chip in falscher Reihenfolge spielen, würde dieser Schlag nicht zählen, das Team erhielte 2 Strafschläge und müsste den Fehler korrigieren, indem Tom erneut in der richtigen Reihenfolge spielt.

Regel 22.3 und Definition „Schlag".

VIERBALL

SITUATION: **Tom und Chip sind Teampartner bei einem Vierball ...**

FRAGE: **Müssen bei einem Vierball beim Start oder während der gesamten Runde beide Teampartner anwesend sein?**

ANTWORT: Beim Vierball zählt nur ein Resultat, daher kann das Team auf allen oder einzelnen Löchern auch nur aus einem Spieler bestehen.

Regel 23.4.

SITUATION: **Chip spielt in einem Mannschaftsturnier und erhält Unterstützung vom Coach ...**

FRAGE: **Ist es im Mannschaftsturnier gestattet, dass der sog. Berater hinter Chip steht, während dieser puttet?**

ANTWORT: Ein Trainer darf ebenso wenig wie ein Caddie oder Teampartner in der Verlängerung der Spiellinie stehen, und zwar von dem Moment an, in dem der Spieler seinen Stand einnimmt, bis er seinen Schlag gemacht hat. Da der Trainer in der Verlängerung stehen geblieben ist, erhält Chip im Zählspiel 2 Strafschläge.

Regeln 24.4a und 10.2b(4).

Regelindex

Dieses Buch basiert auf der Publikation „Offizielle Golfregeln", herausgegeben vom Deutschen Golf Verband (DGV) und gültig ab 01.01.2023.

Regel 1
1.3b(1) 8, 86
1.3c(4) 80

Regel 2
2.4 34

Regel 3
3.2b(2) 88
3.2d(1) 89
3.2d(4) 86

Regel 4
4.1a(2) 33
4.1b 9
4.1b(2) 17
4.1b(4) 33
4.2c(2) 18

Regel 5
5.3a 11
5.7a 36

Regel 6
6.1b 10, 85
6.2b(6) 14
6.3b(3) 70, 80
6.3c(1) 63, 64
6.4a 71, 84
6.4b 71, 84
6.5 68

Regel 7
7.2 65
7.3 19
7.4 16

Regel 8
8.1 44
8.1a 22, 60, 74
8.1c 60
8.1d(1) 45

Regel 9
9.1a 19
9.4 25
9.4b 24, 53, 80
9.6 . . 18, 26, 72, 87

Regel 10
10.1a 32, 78
10.2a 12, 20
10.2b(4) 93
10.2b(5) 77

Regel 11
11.1 . . . . . 27, 72, 87

11.2b 73
11.2c(1) 73

Regel 12

12.2b 41
12.2b(1) 46, 50
12.2b(2) 42
12.2b(3) 48

Regel 13

13.1b 76
13.1c(2) 74
13.1d(1) 79
13.2c 82
13.3a 81

Regel 14

14.1c 19, 29
14.2a . . . 18, 53, 80
14.2c 76
14.2d(2) 26
14.2e 25
14.3a 29
14.7 . . . . 59, 76

Regel 15

15.1 . . . . 21, 51
15.1a 43, 75
15.2 52
15.2a(1) 23, 40

Regel 16

16.1 58
16.1a(3) 35, 38
16.1b 28, 37
16.1f 34
16.2 30

Regel 17

17.1b 50
17.1d 27, 54

Regel 18

18.2 67
18.2a(1) 65, 66
18.2b . . . 48, 59, 64
18.3a 56
18.3b 61
18.3c(2) 62
18.3c(3) 63

Regel 19

19.2 . . . . 35, 58
19.3 . . . . 44, 46, 47

Regel 20

20.1b(4) 31

20.1c(3) 31

Regel 21

21.1c 90

Regel 22

22.3 91

Regel 23

23.4 92

Regel 24

24.4a 93

Musterplatzregeln

MPR 8E-1 55

Ideal, um den Durchblick beim Thema Regeln & Etikette zu behalten: die Pocketguides „Golfregeln kompakt" und „Golfetikette kompakt".

Auch als App für iPhone erhältlich.

Golfregeln kompakt

Der praktische Regelführer zur Verwendung auf dem Platz.

Golfetikette kompakt

Das richtige Verhalten auf und neben dem Platz.

iGolfrules

Beantwortet Ihre Regelfragen in Sekundenschnelle: Mit höchstens drei Klicks finden Sie die richtige Lösung.

48 Seiten, über 180 Abbildungen, durchgehend farbig illustriert, mit Spiralbindung

ISBN 978-3-906852-38-6

48 Seiten, über 180 Abbildungen, durchgehend farbig illustriert, mit Spiralbindung

ISBN 978-3-906852-29-4

Von Apple empfohlen. Erhältlich im iTunes App Store.

MEHR VON EXPERT GOLF

Erhältlich im Buchhandel sowie in gut sortierten Golfshops oder unter:

www.expertgolf.com